EXAMEN

D'UN DISCOURS

DE M. THOMAS.

EXAMEN

D'UN DISCOURS

DE M. THOMAS,

QUI A POUR TITRE:

ÉLOGE DE LOUIS,

DAUPHIN DE FRANCE.

Non ego ventosæ plebis suffragia venor...
Non ego nobilium scriptorum auditor & ultor. Hor.

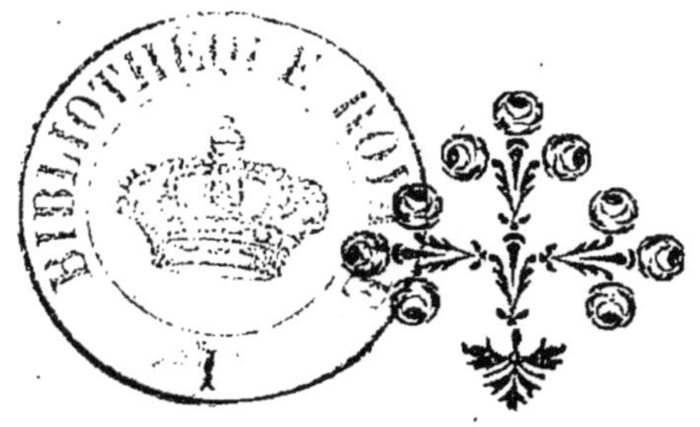

A PARIS,

Chez H. C. De Hansy le jeune, Libraire,
Rue Saint Jacques, à Sainte Therese.

M. DCC. LXVI.

EXAMEN

D'UN DISCOURS

DE M. THOMAS,

QUI A POUR TITRE,

ÉLOGE

DE LOUIS,

DAUPHIN DE FRANCE.

L ES Orateurs, les Poëtes, les Artistes
se sont à l'envi disputé a gloire d'orner
le Tombeau de M. le Dauphin, de
faire paroître au grand jour les rares
qualités, les talents supérieurs qu'il avoit
tenus cachés pendant sa vie sous le voile
de la modestie. La douleur publique a
dicté partout des éloges. Plusieurs écri-

* A

vains ont confulté leur cœur plutôt que leur génie.

L'Auteur couronné tant de fois confécutivement par les mains de l'Académie Françoife eft entré en lice avec les autres. Le fujet méritoit bien d'exercer une plume auffi célébre que la fienne. Le public favorablement prévenu, a faifi ce difcours avec avidité, l'a lu avec une efpéce d'enthoufiafme. J'applaudis aux fentiments de mes Concitoyens : tout ce qui intéreffe la mémoire du Dauphin nous eft devenu cher & précieux. La France a fuivi l'exemple de la Princeffe refpectable que les vertus uniffoient avec fon augufte Epoux, encore plus étroitement que les nœuds contractés au pied des autels. Dans le nombre infini d'éloges qui ont paru, nous avons cherché une confolation qui pût adoucir notre perte irréparable, tromper au moins notre douleur, & calmer la vivacité de nos regrets.

Mais M. Thomas, fi capable de faire un éloge qui furvive aux temps & aux circonftances, & qui mérite les fuffrages des fiécles à venir, a-t-il rempli l'attente des vrais connoiffeurs ? A-t-il peint fon héros tel qu'il étoit ? Recon-

noît-on M. le Dauphin dans tout ce difcours ? Le portrait que M. Thomas nous
en donne , l'a-t-il tracé avec la vérité
des couleurs , la correction du deſſein ,
l'enſemble que l'on eſpéroit de ſon génie ?
C'eſt ce que je me propoſe d'examiner.
Les obſervations que j'oſe faire au public
pourront peut-être fixer ſon attention ,
& diminuer le préjugé. Une critique
juſte & ſenſée fait apprécier un ouvrage
à ſa juſte valeur.

Après avoir jetté un coup d'œil rapide
ſur la maniere d'écrire de M. Thomas ,
& ſur ſes autres diſcours , j'analizerai
celui qu'il vient de faire paroître ; j'en
examinerai le plan , les principes , les pen-
ſées & les expreſſions. C'eſt ce qui forme
tout le corps de l'éloquence. Le plan de
l'Auteur eſt-il vrai , eſt-il juſte , eſt-il
nouveau ? Ses penſées ſont-elles exactes ,
ſont-elles ſages & judicieuſes ? Ses expreſſions ſont-elles claires , préciſes ,
naturelles ? Ses principes ſont-ils ſurs &
raiſonnables ?

J'entends les admirateurs de M. Thomas s'écrier que rien n'eſt plus beau que
le plan de cet Orateur ; qu'on reconnoît
dans cet ouvrage l'auteur des éloges im-
mortels que l'Académie a couronnés.

Oui, je conviens que M. Thomas eſt re-
connoiſſable dans tous ſes ouvages, &
c'eſt préciſément le premier défaut que
j'obſerve. Tous ſes diſcours ſont cal-
qués ſur le même deſſein, tout eſt travaillé ſur le même cannevas : les ca-
drés ſont les mêmes, le rempliſſage eſt
ſeulement différent : le plan que M.
Thomas a ſuivi dans ſes diſcours précé-
dents, il le copie dans ce dernier : encore
ce plan n'eſt-il pas neuf.

On connoît la République de Platon,
ce modèle parfait que ce Philoſophe avoit
imaginé pour former un état. On connoît l'idée, le plan que Ciceron a tracé
de la véritable éloquence ; la cyropédie
de Xénophon, c'eſt-à-dire l'éloge que ce
célébre écrivain nous a laiſſé de la jeu-
neſſe de Cyrus, eſt entre les mains de
tout le monde. Mais Platon convient que
la République telle qu'il la dépeint,
n'exiſte que dans ſon imagination ; Ciceron avoue que Démoſthènes lui-même
ne poſſédoit pas cette parfaite éloquence
dont les livres de l'Orateur préſentent
l'idée ou *le type* à l'eſprit ; & l'on ſçait
que Xénophon a eu plutôt l'intention de
donner le portrait d'un Prince accompli
que d'écrire la véritable hiſtoire de Cyrus.

N'eſt-ce pas préciſément ce que fait M. Thomas ?

Ce ſont ſes idées qu'il nous donne ſur les ſujets qu'il traite ; idées générales qu'il rapproche des objets particuliers auxquels il veut les adapter. Voici comme paroît s'annoncer ſa marche. On diroit qu'il enviſage d'abord la thèſe générale ; que faut-il pour faire un grand Capitaine , un grand homme de Mer , un grand Magiſtrat , un grand Miniſtre des finances , un grand Philoſophe , un grand Prince deſtiné un jour à regner ? Il ſe met , à ce qu'il ſemble , auſſi-tôt à feuilleter les livres qui traitent de la guerre , ceux qui parlent de la marine ; il ſe familiariſe avec la Juriſprudence , il s'enfonce dans les économies royales , il ſe plonge dans les méditations philoſophiques ; il conſulte ceux qui ont écrit ſur l'éducation des Princes ; il parcourt les préfaces , les titres des chapitres , il étudie les matières qu'ils indiquent ; il tâche de s'initier aux myſtères de tous ces Arts , il en prend la teinture , il retient les termes & les expreſſions : il ramaſſe tous ſes pinceaux , toutes ſes richeſſes ; & par un travail opiniâtre , travail dont pluſieurs certainement ne ſeroient pas capables , il ac-

quiert une efpèce de fcience factice fur
laquelle il répand le coloris & le brillant de la diction. En peu de tems M.
Thomas devient militaire, marin, finan-
cier, magiftrat, philofophe, gouver-
neur de Prince. Il annonce des vues éten-
dües, il donne des traités abrégés fur
toutes ces parties. Il abbat une forêt pour
conftruire un feul édifice ; il fait un
échafaud dix fois plus grand que le bâti-
ment. Les actions, les fentiments, la con-
duite de ceux qu'il entreprend de louer,
il les fait plier à fes idées, à fes connoiffances, à fa volonté ; & comme il tra-
vailloit fur de grands fujets, fur des
hommes fupérieurs à tous les éloges, il
n'avoit pas de peine à les faire paffer fous
le joug honorable qu'il leur impofoit : la
convenance & le rapport frappent les
lecteurs, qui n'apperçoivent les objets
qu'en perfpective ; on croit voir du premier coup d'œil dans la perfonne même
ce que l'on n'y voit que par approxima-
tion, ce que M. Thomas avoit vu d'a-
bord dans une efpéce d'étendue intelli-
gible. Voilà peut-être fon fecret révélé.

Ainfi on pourroit diftinguer dans prefque tous les difcours de M. Thomas deux
parties, la partie fyftématique, & la par-

tie phyſique ou expérimentale ; c'eſt-à-
dire qu'il imite Deſcartes , qui a commencé par imaginer un ſyſtême , d'après
lequel il a tâché d'expliquer les phéno-
mènes de la Nature : il donne comme
lui de beaux Romans. En ſuivant cette
méthode , on pourroit faire en grand
l'éloge d'un Marchand , d'un Laboureur,
&c. Le Commerce, l'Agriculture , &c.
fourniroient les matériaux : on en feroit
l'application au particulier qu'on voudroit célébrer.

Mais , dira-t-on , que trouvez-vous à
redire à cette méthode ? M. Thomas
n'eſt-il pas louable de rendre toutes les
ſciences tributaires de ſon éloquence ?
Je réponds par un trait d'hiſtoire que
Ciceron * nous à conſervé. Annibal étant
allé trouver Antiochus à Ephèſe, fut invi-
té par quelques-uns de ſes hôtes de venir
entendre un Philoſophe qui paſſoit pour
le plus beau diſcoureur de l'Aſie. On
prévient le philoſophe ; on lui annonce
celui qu'il doit avoir au nombre de ſes
auditeurs. Que fait notre rhéteur ? Il
paſſe les jours & les nuits à lire les livres
qui traitent de la guerre , il imagine
tout ce qui peut former un grand Géné-

* Liv. 2. de l'Or. nº 75 & 76.

ral. Enfin, le jour qu'Annibal a la complaifance de l'entendre ; au lieu de traiter la partie de morale qui étoit de fon reffort, il déploye toute fon éloquence fur les devoirs d'un Général d armée & fur les régles de l'Art Militaire. Il ne manquoit plus à ce rhéteur que d'appliquer ces grands principes au Vainqueur de Cannes : le modèle qu'il avoit fous les yeux, fe fût prêté à tout ce qu'il avoit avancé : mais l'application fut fous-entendue. Tout l'Auditoire eft charmé : on admire la richeffe de la diction, l'étendue des connoiffances de l'Orateur : on trouve qu'il s'eft furpaffé ; on demande avec confiance l'avis d'Annibal, on l'attend avec impatience. On fçait quelle fut fa réponfe : elle avoit de quoi humilier le Rhéteur, & malheureufement pour lui le jugement du Carthaginois eft applaudi par Ciceron.

Je n'ai garde de faire aucune allufion à M. Thomas, je rends plus que perfonne juftice à fes talens : cependant je lui demanderai fi, novice dans quelquesunes des fciences qu'il traite, & voulant en parler en maître, il ne craint point qu'il ne lui échappe quelque trait qui faffe rire à fes dépens, comme fe mit à rire dans l'attelier d'Appelles ce jeune apprentif, qui, en broyant des couleurs, entendit Alexandre avancer quelques termes impropres fur l'art dont ce Prince vouloit parler.

Mais mon deffein n'eft pas d'examiner tous les difcours de M. Thomas ; je me borne aujourd'hui à faire quelques obfervations fur celui qu'il vient de confacrer à l'éloge de M. le Dauphin ; il me paroît encore plus propre que les autres à confirmer ce que j'ai avancé. Et d'abord je lui dirai que les foixante pages de fon difcours fe borneroient à un petit nombre , fi on en retranchoit tout ce qui n'eft point particulier à ce Prince. Je lui dirai que fon plan eft idéal , qu'il pouvoit également convenir au Grand Dauphin , au duc de Bourgogne , & à tous les grands Princes qui font morts affis fur les marches du trône. Je lui dirai que c'eft une véritable Cyropédie. Peut-être que M. Thomas a travaillé quelque traité fur l'éducation des Princes, après avoir lu & médité ce qui avoit été dit fur ce fujet ; & que fon difcours en eft l'abrégé ou le réfultat. Il confidere dans M. le Dauphin, 1°. la Science, 2°. la Vertu , 3°. la Religion.

ANALYSE

DE LA PREMIERE PARTIE.

LA SCIENCE.

VOICI l'analyse de la premiere partie de ce difcours. Imaginez qu'on demande.

Que faut-il pour former un grand Prince, deftiné à régner un jour? Je vais répondre d'après M. Thomas; j'employerai même fes expreffions.

Il faut à ce Prince des connoiffances; **Pag. 7.** (*premiere partie*) il a befoin d'un efprit vigoureux & profond. Il doit acquérir le goût pour les arts d'agrément. Chargé de les protéger, il doit les connoître. Il prêtera l'oreille à la tendre harmonie des Poëtes; il étudiera l'Orateur de Rome. Un art plus enchanteur viendra s'emparer de fon ame; la Mufique qui devroit peut-être entrer dans l'édu- **Pag. 8.** cation de tous les Princes (comme fi elle n'y entroit pas.) L'étude des langues lui ouvrira tous les fiécles & tous les pays. D'abord, il doit travailler fon efprit, & former l'inftrument avant de commencer l'ouvrage ; il étudiera la Logique, il s'appliquera à l'étude des Philosophes les _{Pag. 10.} plus célébres , Pascal, Loke, Malle-branche, Descartes. Mais il ne se livrera à ce travail que lorsque la Nature lui aura accordé la gloire de se créer lui-même : dès qu'il se connoîtra, il recommencera _{Pag. 6.} son éducation , s'il en a reçu une dans ses premieres années, même des mains de la Religion & de la probité, au lieu d'être mis pendant son enfance aux pri-ses avec la Nature, & d'être fatigué sous sa propre ignorance.

Alors il doit se former pour lui-même _{Pag. 12.} un plan raisonné de tous les Gouverne-mens, méditer sur les rapports du Sou-verain avec le Peuple , examiner les fondements du droit Public, le droit de la Guerre , les moyens de procurer la plus grande félicité du plus grand nom-bre. Pour y parvenir, il faut qu'il con-noisse les hommes. Il apprendra à les _{Pag. 13.} connoître dans l'histoire , dans celles des Républiques, celles des Empires, & sur-tout celles de France. [Ici vient un lieu commun sur l'histoire , suivi d'un por-trait des François qui n'est ni nouveau ni _{Pag. 15.} exact.] Le Prince doit sçavoir sur-tout l'état actuel du Royaume & sa constitution : il feroit même à fouhaiter qu'il voyageât, qu'il parcourût les Provinces & les Campagnes. [On trouve dans cet endroit une defcription furannée des miferes de la Campagne, & des invectives mille fois répétées contre les Riches & contre la Capitale.]

A l'étude de l'Hiftoire un Prince joindra la connoiffance des Loix. Il doit lire avec réflexion l'Auteur de l'Efprit des Loix. [M. Thomas donne à croire qu'il fçait les conférences que le Dauphin avoit eu avec ce Génie profond, mais hardi, fouvent téméraire, quelquefois dangereux.] Il doit defcendre aux Loix particulieres de la France ; Loix Politiques, Loix Civiles, Loix Criminelles. Il verra fortir du fein du Gouvernement féodal la foule prefque inombrable de nos Coutumes. Il doit fixer fon attention fur les mœurs de la Nation ; porter fes vues fur les grands objets de l'Économie politique, l'Agriculture, le Commerce, les Finances, le Crédit public, la Marine. Pefer les avantages, preffer les abus des différents fyftêmes ; fouvent développer fes idées par écrit ; embraffer tous les objets de l'adminiftration publique. [L'Orateur donne des préceptes fur tous ces points.]

Pag. 17.
Pag. 18. & 19.
Pag. 20, 21, 22, 23.

Voilà le cercle des connoiſſances néceſſaires à un Prince qui veut un jour
travailler au bonheur de ſes Sujets : &
voilà la matiere des vingt-cinq premieres
pages de l'éloge, dans leſquelles on per-
droit de vue entierement M. le Dauphin,
ſi ſon nom inſéré de temps en temps,
n'avertiſſoit de penſer à lui. Ainſi dans
un grand traité que compoſeroit une
main habile pour l'éducation des jeunes
Princes, l'Auteur en diſant à la fin de
l'ouvrage, que telle avoit été l'étude,
telles étoient les connoiſſances & les vues
de M. le Dauphin, en diroit preſque
autant à la louange de ce Prince, que
M. Thomas en dit dans la moitié d'un
ouvrage qu'il intitule : *Eloge de Louis,
Dauphin de France* ; & qu'il auroit dû
intituler : *Eſſai ſur l'éducation d'un Dauphin*, ou plutôt *d'un Prince*, car il ne
parle pas du rôle difficile & délicat
que doit ſoutenir un Prince en qualité de
Dauphin. *

* Ce point a été traité ſupérieurement par M. l'Arche-
vêque de Touloufe, dans ſon Eloge de M. le Dauphin.

ANALYSE

DE LA SECONDE PARTIE.

LA VERTU.

Dans la seconde Partie qui devroit encore être plus propre à M. le Dauphin, puisqu'il s'agit de la Vertu ; je n'y trouve, comme dans la premiere, que le même plan idéal. Un Prince doit être vertueux : & quelles font les Vertus qui doivent fur - tout briller en lui ? C'eft encore M. Thomas qui va parler. Il donne d'abord une Métaphyfique abftraite Pag. 27. fur le pouvoir que l'homme a d'ajouter à l'ouvrage de la Nature ; d'agrandir fes vertus, de s'en créer de nouvelles. Enfuite il entre dans le détail.

Le premier devoir d'un Prince eft de fe commander, de fe vaincre, non par Pag. 28. vanité, mais par principe de Vertu. Il doit eftimer & refpecter la Vertu par tout où elle fe trouve ; ne pas admettre la politique infenfée de ceux qui la croyent inutile au Gouvernement : donner le beau fpectacle d'un Prince qui montre à la

[15]

Terre une ligue nouvelle, la ligue de tous les hommes vertueux pour faire le bon- Pag. 30 & 31. heur d'une Nation : méprifer les nobles qui aviliffent leurs titres , & deshono- rent à la fois leurs ayeux & eux-mêmes. [Ce tableau eft admirable , mais il eft trop général.]

On ne peut être vertueux fans être jufte : cette qualité eft fans doute celle qui eft la plus néceffaire à un Prince. M. Tho- mas oublie qu'il a déja parlé des Loix , il revient avec complaifance fur cet ar- ticle ; il prêche le refpect inviolable pour les Loix ; il déclame contre les accufa- tions fecrettes , contre les délations ; il recommande l'amour de la vérité ; il in- Pag. 32 & 33. dique les moyens de la connoître , le moyen de fe garantir des flatteurs qui , pour plaire, fe font un fyftême de corrom- pre & d'aller à la fortune par la baffeffe : il apprend aux Princes à fe défier des hommes , & même à être foupçonneux ; mais il veut que cette défiance prenne fa fource dans la paffion pour le bonheur des Peuples, comme elle la prenoit dans Pag. 34. le Dauphin.

A l'amour pour la vérité M. Thomas ajoute le faint amour de la Patrie. Il cite quelques traits , quelques paroles de M.

le Dauphin qui font voir combien fon cœur brûloit de cet amour. Je commence à appercevoir quelque chofe de perfonnel à ce Prince. L'amour de la Patrie doit être accompagné de la bienfaifance envers les particuliers , & de l'humanité ; vertu , dit l'Orateur , qui fut développée dans M. le Dauphin à la journée de Fontenoy. A l'occafion de la bienfaifance , M. Thomas rappelle le fouvenir de cette chaffe déplorable , qu'il auroit dû abfolument fupprimer. Pourquoi apprendre à la poftérité un hazard funefte , un malheur que toute la puiffance des Rois , comme il le dit lui - même , ne peut réparer ? Pourquoi chercher les couleurs les plus fombres & les plus lugubres , tandis qu'il s'en préfente fous la main de bien plus parlantes ? L'humanité doit être relevée par le courage. Un Prince a befoin de connoître la guerre ; & il eft néceffaire qu'un homme qui doit régner , foit connu dans l'Europe. Il doit allier la fageffe à la valeur , & les graces à la dignité du commandement. A tant de vertus il doit joindre la modeftie , l'économie ; il doit méprifer le fafte , & montrer que la fenfibilité fait la bafe de fon caractere. M. Thomas prouve l'utilité de cette Vertu ,

&

Pag. 36.
Pag. 37.
Pag 39.
Pag. 42.

& infere une defcription pompeufe des effets prodigieux qu'opere le fentiment. C'eft le fentiment qui préfide aux noms facrés d'époux, de fils, de pere, d'ami. Pag. 43. Ici le Portrait de M. le Dauphin, commence à prendre couleur. Je fouhaiterois que tout le difcours fût femblable à ce morceau qui eft très-bien manié.

ANALYSE

DE LA TROISIEME PARTIE.

LA RELIGION.

JE croyois au moins être dédommagé par la derniere Partie de cet Ouvrage, où l'Orateur parle de la Religion. Convaincu par la force de la vérité que la Religion faifoit le caractere effentiel du Dauphin, il débute ainfi : „ On ne con- Pag. 50. „ noîtroit pas le Dauphin, fi je ne par- „ lois d'un fentiment qui régloit en lui „ tous les autres, & qui étoit profondé- „ ment gravé dans fon cœur ; c'eft la „ Religion. Mais qu'il eft trifte de voir l'Orateur tout de fuite ajouter : „ Je „ n'entrerai dans aucun détail fur cet

* B

» important fujet. « Pour s'en difpenfer,
il imagine de n'envifager M. le Dauphin
que comme Prince, & c'eft fous ce rapport qu'il confidére l'efprit de Religion.
Sa raifon, c'eft que les Miniftres des
Autels ont déja fait retentir les Temples
de leurs éloges facrés. Mais ils avoient
auffi déja célébré fes talents & fes vertus,
ce qui n'a pas empêché M. Thomas de
les célébrer. Pourquoi donc lui ferme-
roient-ils la bouche fur la Religion de
ce Prince ? Eft-il plus difficile à un Orateur chrétien de parler du Chriftianifme,
qu'à un homme qui n'eft ni militaire ni
marin, de parler de guerre & de marine ? M. Thomas avance lui-même,
que ce n'eft point faire connoître le
Dauphin que de ne point parler de fa
Religion ; donc il confent à manquer to-
talement le portrait de ce Prince. Auffi
au lieu de nous parler de l'étude profonde
que le Dauphin avoit faite de la Religion ; au lieu de nous peindre, avec
cette énergie & cette chaleur dont il eft
capable, le zèle de ce Prince pour les
intérêts de l'Eglife & de la foi, fon horreur pour l'impiété, cet efprit de Chriftianifme qui régloit toutes fes actions,
qui élevoit fon ame, qui lui infpiroit des

fentiments grands & héroïques , qui l'a foutenu, confolé dans les épreuves d'une longue maladie , & jufques dans les bras de la mort ; il fubftitue une defcription pompeufe de la Religion naturelle , de cette Religion que ce Prince auroit jugé infuffifante, pour mériter à l'homme un bonheur éternel , pour raffurer à la mort l'ame jufte & l'affermir au milieu de ce qu'il y a de plus effrayant ; il nous préfente la Religion d'un payen vertueux. M. le Dauphin paroît mourir comme Germanicus meurt dans Tacite , comme font morts plufieurs fages de la Gréce , comme font morts Titus & Marc Aurele : comme M. de Voltaire fait mourir Caton * : comme font morts ces grands Hommes de l'antiquité dont faint Auguftin difoit : *laudantur ubi non funt , cruciantur ubi funt.* Il ne feroit pas aifé à M. Thomas de montrer dans tout fon difcours une phrafe qui caractérifât fpécialement la Religion d'un Prince , qui regardoit comme le plus glorieux de tous les titres celui de fils aîné de l'Eglife , & de Roi très - Chrétien. La France reconnoîtra-

Pag. 52.

---

* L'éternité.... Quel mot confolant & terrible ?

Allons , s'il eft un Dieu, Caton doit être heureux.

t-elle à de pareils traits la vie & la mort
fainte & édifiante de M. le Dauphin? Ici
M. Thomas eſt impardonnable , comme je le ferai voir dans la fuite : il a
changé & dégradé fon modéle.

Ce diſcours eſt terminé par le récit de
la conſternation générale que les derniers
moments de la vie de ce Prince chéri ont
occaſionnée. Toute cette narration eſt
attendriſſante , on ne la peut lire fans
verſer des pleurs. L'Orateur exhorte à la
fin du diſcours le jeune Prince , qui fuc-
cede au rang de fon augufte Pere , de
fuccéder auſſi à fes vertus.

EXAMEN DU STYLE.

PAR l'analyſe que je viens de faire de
ce diſcours , il eſt aifé de conclure que
l'Orateur n'a pas rempli fes obligations.
Examinons maintenant fon ftyle : *Stilus
optimus & præſtantiſſimus dicendi effeċtor &
magiſter.* On ne peut donc être Orateur
fans le ftyle : or , doit-on regarder comme
un ftyle un genre d'écrire tantôt fi fubtil
qu'il échappe à la vûe la plus perçante ,
tantôt fi bourfoufflé qu'il effraye par fa

Cic.

grandeur gigantefque ? On croit voir des tours de foupleffe qui en impofent aux plus clairs-voyants , ou bien des tours de force qui approchent du prodige. Que penfer de cette affectation à entaffer peinture fur peinture , à étaler un fçavoir faftueux , à chercher des grands mots , des phrafes extraordinaires , à donner quelquefois dans une efpéce de myfticité qui approche du ton des oracles , fouvent dans un brillant pompeux qui éblouit fans éclairer ? Eft-ce là l'imitation de la belle nature , l'unique principe du vrai & du beau ? L'éloquence eft bien différente de l'emphafe & du phœbus.

Je fçais que la plume de l'Auteur rencontre fouvent des tours forts & vigoureux , des expreffions heureufes & pittorefques ; qu'il eft quelquefois grand , touchant , pathétique ; qu'il a de la fécondité & du feu dans l'imagination. Mais on fent les efforts pénibles qu'il fait pour plaire : il s'irrite contre les graces naturelles , il fe tourmente pour en trouver qui paroiffent introuvables ; il femble qu'il rougiffe de parler comme parlent tous les autres Orateurs ; il eft toujours monté fur le même ton de grandeur , & cette monotonie fatigue par fa continuité ; c'eft ce qu'on lui a déja bien des fois reproché. Ainſi la cadence pompeuſe de Claudien charme d'abord l'oreille , bientôt elle dé-goûte & ennuie.

Mais ce que l'on voit avec peine dans cet Orateur , c'eſt le ton qu'il affecte dans l'empire de la Littérature , ton que les Bourdaloues, les Fléchiers, les Boſſuets n'auroient jamais oſé prendre , même à la fin de leur carriere : comme s'il étoit le ſeul favori des Muſes , tel qu'un Athlete ſexagénaire raſſaſié de gloire , il éleve trop ſouvent la voix , il s'annonce d'un air dédaigneux qui ſemble ne pas attendre les ſuffrages , mais les exiger en les mépriſant.

On voit encore chez lui tranſpirer de l'humeur contre les Grands , contre les Nobles, contre les Riches. On eſt tenté de lui adreſſer la replique que fait Ariſtippe à Diogene dans Horace *. Au lieu de ren-dre juſtice aux travaux & au zele du Mi-niſtere pour ſeconder les intentions bien-faiſantes du Pere de la Patrie , intentions que M. le Dauphin ſe ſeroit fait un devoir & un plaiſir d'imiter un jour , pourquoi s'écrier : » Triſtes habitants de la Cam-» pagne , dites (en apprenant la mort

* Horace, Liv. 1. Ep. 17. V. 14.

» du Dauphin) , il eût voulu nous rendre
» heureux. Quand l'indigence fera couler
» vos pleurs , dites , hélas ! s'il eût vécu ,
» fa main eût voulu les effuyer «. Pourquoi peindre fi fouvent les malheurs de la
Province ? tableaux auxquels on a applaudi la premiere fois qu'ils ont été expofés ,
mais qui ont perdu aujourd'hui le mérite
de la nouveauté , & qui peut-être paroî-
troient à quelques-uns jurer dans les endroits où l'Auteur les a placés. Pourquoi
parler avec affectation, » d'Impôts ... d'E-
» dits ... de cris d'enfants qui demandent
» du pain à leur mere affamée . ... de la pâ-
» leur qui décele les befoins... de l'indi-
» gence pourfuivie par la honte ... de pain
» noir dont fe nourrit le pauvre...de paille
» qui lui fert de lit ... de pain humide de
» larmes ... de fillons arrofés de fueurs ...
» de chaumieres qui tombent en ruines . .
» de granges entr'ouvertes ... de lambeaux
» que traîne la mifere...de tyrans fubal-
» ternes ... de ceux qui dévorent le Peu-
» ple , &c. « N'eft-ce pas mandier les
fuffrages du Peuple ? n'eft-ce pas être
Peuple ?

M. Thomas n'eft pas non plus affez
en garde contre l'égoïfme : il fait fans
ceffe parade de fon amour pour le bien

public , de son patriotisme ; il répéte cent
fois ,, qu'il est vrai & libre , qu'il ne
,, connoit d'autre passion que celle de l'a-
,, mour de son pays & de ses concitoyens ,
,, qu'il ne dira rien dont il ait à rougir
,, devant l'Etre qui voit les cœurs des
,, hommes . . . que jamais le mensonge
,, & la flatterie n'ont souillé sa plume . . .
,, qu'il ne connoit de langage que la véri-
,, té . . . qu'il n'est pas courtisan , mais
,, seulement l'interpréte de la vérité , &
,, l'Orateur de la Patrie ,,. (Ce ne sont
pas - là des actes d'humilité). D'un ton
emphatique & imposant , il adresse la
parole à M. le Dauphin : ,, O Prince , ce
,, n'est pas en te louant que je commen-
,, cerai l'apprentissage de la bassesse & du
,, vice ,,. Comme si , en arbitre souverain , il disposoit de l'immortalité , il annonce à ,, ceux que le Dauphin a nom-
,, més ses amis , & qui avoient sa con-
,, fiance , qu'ils ne trouveroient pas leurs
,, noms dans cet ouvrage ,,. Ils s'en con-
soleront aisément : lui ont - ils demandé
des louanges ? l'ont-ils prié de les nom-
mer ? lui sied-il bien de refuser un juste
tribut de vénération à des personnes vrai-
ment respectables , tandis qu'il les prodigue ailleurs à des Auteurs dont les écrits

font douter s'ils ont donné plus d'atteinte à la vérité ou à la vertu, à la Religion ou aux mœurs ?

Il feroit bien malheureux que M. Thomas devînt trop leur ami. Quel dommage fi jamais un génie comme le fien affervifloit fes talents au goût de maîtres aufli dangereux ! & c'eft cependant ce que l'on pourroit appréhender. En effet, tandis qu'il s'annonce pour un zélé partifan de la vérité & de la vertu, il paroît aux yeux des perfonnes fenfées s'égarer quelquefois avec nos prétendus Philofophes : & pour prouver ce que j'avance, je vais relever quelques-uns des principes hardis, je puis même dire téméraires, qui fe trouvent dans ce difcours. C'eft ici que, défenfeur de la vérité & de la Religion, il me feroit permis de m'écrier, en adreffant la parole au Dauphin : ô Prince, pendant ta vie la vérité & la Religion ont trouvé en toi un puiffant Protecteur. Ennemi de la licence effrénée que fe donnent certains Auteurs modernes, de quel œil verrois-tu la fainte vérité, au moins offufquée, dans un écrit qui paroît fait pour te louer, & un monument confacré à ta gloire, profané en quelques endroits par la main de l'erreur !

EXAMEN DES PRINCIPES

ET DES PENSÉES.

Pag. 6. NE semble-t'il pas, dès les premieres pages, que l'Auteur favorise le systême ridicule & bisarre d'un homme malheureusement trop fameux, de cet homme singulier qui s'aigrit contre tout ce qui l'environne, qui d'un ton décisif débite les paradoxes les plus absurdes & les plus dangereux. N'est-ce pas d'après les idées de cet Ecrivain audacieux que l'on avan-

Ibid. ce », que pour rompre le charme qui » environne les Princes, il faudroit met- » tre l'enfant aux prises avec la nature, » lui donner l'éducation invincible des » événements & de la nécessité, le fami- » liariser avec sa foiblesse, le fatiguer sous » sa propre ignorance * «. M. Thomas a bien raison d'ajouter » que ces vues ne » paroîtront que des chimeres au plus » grand nombre des hommes «. Et en

---

* Ainsi l'Auteur d'Emile veut que tous les soins de la premiere éducation soient appliqués à ce qu'il y a dans l'homme de matériel & de terrestre. Exercez, dit-il, son corps, ses organes, ses sens, ses forces ; mais tenez son ame oisive autant qu'il se pourra.

effet, que signifie ce langage énigmati-
que, » mettre l'enfant aux prises avec
» la nature ? « Faut-il l'élever comme
sont élevés les Sauvages, l'abandonner à
lui-même, laisser germer, croître & se
fortifier les vices de la nature ? Peut-on
trop tôt apprendre à un Prince ses obligations, trop tôt l'effrayer par le tableau
de tout ce que la Patrie exige de sa naif-
sance ? Que signifie cette phrase ? » don-
» ner l'éducation invincible des événe-
» ments & de la nécessité «. On croiroit
entendre le langage du fatalisme. Qu'est-
ce que » familiariser un enfant avec sa
» foiblesse ? « est-ce le laisser marcher
à quatre pattes, le laisser se traîner dans
la poussiere ? C'est le sentiment d'un Mé-
decin célebre ; à la bonne heure, je passe
cette idée, si on se borne-là : mais je ne
veux pas » qu'on fatigue un enfant sous
» sa propre foiblesse. « Je veux au contraire qu'on imite Platon qui facilitoit,
selon son expression, les travaux de l'en-
fantement dans les productions de la jeu-
nesse ; ou plutôt qu'un maître sage &
vigilant épie en quelque sorte dans son
éléve les premieres lueurs de l'intelligen-
ce, & les premiers mouvements du cœur,

pour éclairer l'une par la lumiere de la vérité, & charmer l'autre par les attraits de la vertu.

Quoi donc ? les premieres années qui ont tant d'influence fur le refte de la vie, feront-elles abandonnées à la foibleffe, à l'ignorance ? Ce temps précieux qui a toujours été l'objet de l'attention des plus fages légiflateurs, on le laiffera enféveli, écrafé fous le poids de l'ignorance ? Les fciences font-elles donc plus dangereu- reufes qu'utiles? Tandis qu'un Monarque né pour le bonheur de fes Sujets encou- rage tous les jours * par de nouveaux bienfaits les Maîtres de la jeuneffe, que des Miniftres zélés pour la gloire de la Nation, que des Magiftrats attentifs au bien public, travaillent à perfectionner le plan d'éducation déja fuivi avec fuccès; un Auteur qui doit fes talens à cette pre- miere éducation, qui lui-même a rempli avec diftinction une chaire de Profeffeur dans l'Univerfité ; ce même Auteur qui

* *Voyez* les Lettres-patentes du Roi du trois Mai 1766 enregiftrées en Parlement , concernant l'emploi du vingt-huitiéme effectif accordé à l'Univerfité de Paris dans le bail de la Ferme générale des Poftes du Royaume, &c.

vante fon bon cœur, fa reconnoiffance,
fon amour pour la vertu, déclamera dans
fes écrits tantôt contre l'éducation publique des Colléges, tantôt paroîtra
adopter le fyftême ridicule & impratica-
ble à plufieurs égards d'un homme ré-
prouvé par fes propres Concitoyens, &
qui eût peut-être ceffé d'être fingulier,
fi on eût ceffé de le regarder, ainfi qu'on
en a ufé à Londres, où il s'eft retiré, &
où il n'a fait, dit-on, qu'une petite fen-
fation.

Dans un éloge que l'Auteur défire être
lu par le jeune Prince, Enfant de l'Etat
& de la Patrie, comment peut-il dire ?
» La Religion avec la probité préfida à   Pag. 7.
» l'éducation de M. le Dauphin, mais il
» retira peu de fruits de fes premieres
» années. * » Où M. Thomas a-t-il vu
que ce Prince retira peu de fruits de fes
premieres années ? tandis qu'elles ont
été la bafe & le fondement de tout ce
qu'il y a eu de grand & de louable dans
le refte de fa vie. » La Nature, *dit-il*,

---

* L'Auteur d'Emile doute, qu'à dix-huit ans, il foit
encore temps que fon éleve apprenne s'il a une ame ; il
penfe que » s'il l'apprend plutôt, il court rifque de ne le
» fçavoir jamais. Il n'accorde pas même à un jeune hom-
» me de quinze ans la capacité de croire en Dieu.

» lui réfervoit la gloire de fe créer lui-
» même , & dès qu'il fe connut, il re-
» commença fon éducation. » Ne fem-
ble-t-il pas que la Nature ait rectifié,
réparé , relevé l'ouvrage que la Religion
avec la probité avoit à peine ébauché ,
ou peut-être moins bien commencé ? Eft-
ce connoître M. le Dauphin que d'ignorer
que la Religion qui l'avoit formé dès fa
plus tendre enfance, préfida à tous les
inftans de fa vie , & que s'il recommença
fon éducation , comme il le difoit lui-
même , ce fut pour perfectionner & fortifier celle qu'il avoit reçue , & non
pour la détruire & l'effacer ? C'étoit de
la Religion , ou plutôt de l'Auteur de la
Religion , & non pas de la Nature , qui
par elle-même eft fi vicieufe & fi impar-
faite , qu'il attendoit « la gloire de fe créer
lui-même. » Il connoiffoit les bornes , les
foibleffes , les miferes de la Nature dont
nos Philofophes modernes outrent a
puiffance & les perfections.

Comme M. Thomas a avancé que M
le Dauphin retira peu de fruits de fes
premieres années , pour ne point démen-
tir fon fyftême , il ne nous parle dans fon
Eloge que de quinze ans de la vie de ce
Prince. » J'aurai , *dit - il,* du moins la

Ibid.

» gloire d'imiter Tacite, en louant un
» Prince qui a paffé *quinze* ans à fe ren-
» dre digne de régner.... Cette ame
» noble comptoit pour rien *quinze* ans de
» travaux pour fe rendre utile.... Telle
» fut (l'étude des vertus) la conftante
» occupation du Dauphin de la France
» pendant les *quinze* dernieres années de
» fa vie.... Telle fut la révolution qui fe
» fit dans le Dauphin de la France il y
» a *quinze* ans, &c. « Une vie fi belle &
fi courte, quelle cruauté à M. Thomas
de l'abréger encore, & de vouloir la ré-
duire aux quinze dernieres années ! Ne
femble-t'il pas qu'il y auroit dans cette
vie des traits à voiler, que la jeuneffe, la
portion la plus grande de la vie de ce
Prince, auroit befoin d'indulgence ? tandis qu'elle fe préfente à nous fans obfcu-
rité & fans nuages, fans défauts à excu-
fer ou à diffimuler.

Quoi ! M. Thomas ne veut pas qu'a-
vant vingt-deux ans ce Prince ait commencé à travailler pour fe rendre digne
de régner. D'où vient cette conjuration
contre tout cet efpace de temps ? Je pour-
rois ici citer plufieurs traits des vingt
premieres années de M. le Dauphin, qui
feroient rougir notre Orateur de s'obfti-

ner à ne vouloir tenir compte que de quinze années. Un Ecrivain qui employe, comme lui, si souvent le mot de calcul *, devroit au moins sçavoir mieux calculer. M. le Dauphin fit voir à la bataille de Fontenoi ** les vertus les plus héroïques. Dès-lors ne montroit-il pas le grand Prince ? Quand » à l'âge de seize ans il ne » voyoit ; [*comme le dit M. Thomas lui-même* ,] que la gloire où quarante » mille hommes ne voyoient que le dan- » ger : « quand il déployoit une ame forte & généreuse, intrépide & en même temps sensible aux malheurs de l'humanité ; quand » l'humanité s'écrioit alors , tu » seras digne de gouverner les hommes, & que » la Patrie, qui l'observoit, sen- » toit avec transport qu'elle auroit un » ami dans un Prince « , devoit-on juger qu'il n'avoit retiré que peu de fruits de ses premieres années ? Cette époque remarquable détruit seule le systême de M. Thomas.

Voilà les absurdités, les inconséquences où jettent les guides aveugles que l'on

Pag. 38.

---

* Calculer le sang & les larmes... sagesse calculante... un édit mal calculé ... calculer ce qu'il coute à l'état... la grandeur des Etats se calcule ... calculer la diminution de son être ... le calcul lent & affreux de la destruction, &c.

** Le 11 Mai 1745.

suit

fuit témérairement. M. Thomas voudroit-
il donc, d'après l'Auteur d'Emile, qu'on
abandonnât à la nature les premieres années de la vie, que jufqu'à l'âge de vingt
ans on laiffât l'homme végéter, ne vivre
que pour lui, comme fi ce n'étoit qu'a-
près ce long intervalle de temps que la
crife heureufe arrivât. C'eft ainfi qu'il
s'explique : » Comme il eft un moment
» dans la nature où la raifon fe forme,
» où l'exiftence s'étend, où l'homme, qui
» jufqu'alors n'avoit vécu que pour lui,
» vit dans fes femblables, & s'agran- pag. 8.
» dit par fes rapports : il eft un moment
» pareil où le jeune Prince, digne
» de gouverner un jour, commence à
» naître pour les Etats, & voit pour la
» premiere fois les rapports qui le lient
» au fort de vingt millions d'hommes, &
» lient vingt millions d'hommes à lui....
» Telle eft la révolution qui fe fit dans
» le Dauphin de la France il y a quinze
» ans «. Ne femble-t'il pas que M. le
Dauphin fe réveille tout-à-coup d'un profond fommeil, que pendant vingt-deux
ans on lui a caché fon rang, qu'on ne
lui a appris ce fecret que depuis un moment ? Quelle chimere ! quelle abfurdité !
» C'eft alors, *dit l'Orateur*, qu'il vit,

* C

Pag. 11. » qu'il falloit d'abord travailler fon efprit
» & former l'inftrument avant de com-
» mencer l'ouvrage. . . . . Quand il eut
» effayé fon ame & développé en lui cette
» portion de l'efprit philofophique qui
» fuit la chaîne des objets, . . . il fe form:
» pour lui-même un plan raifonné de
» tous les objets du Gouvernement «.
M. Thomas devroit bien travailler fon
ftyle pour le rendre plus clair & moin:
compliqué : il auroit dû auffi rendre moins
métaphyfique & moins long fon parallele
entre l'efprit du Philofophe & l'efprit du
Prince ; il auroit dû encore expliquer avec
Pag. 10. plus de précifion, » les opinions, *qu'il*
» *dit* être liées avec les climats, les fié-
» cles, les Gouvernements «. C'eft une in-
vention de l'Auteur de l'efprit des Loix* ,
dont il abufe lui-même, & dont il eft aifé
d'abufer.

* L'Auteur de l'Efprit des Loix avance qu'il femble,
humainement parlant, que c'eft le climat qui a prefcrit
des bornes à la Religion Chrétienne, & à la Religion
Mahométane, propofition condamnée par la Faculté de
Théologie de Paris : ainfi que celle-ci du même Auteur :
La Vertu n'eft pas le principe du Gouvernement monar-
chique : l'honneur, c'eft-à-dire le préjugé de chaque perfonne & de chaque condition prend la place de la Vertu,
& la repréfente par-tout. On voit que M. Thomas femble
donner dans les mêmes erreurs, & vouloir les accréditer ;
nos demi-fçavants en font autant tous les jours dans leurs
écrits.

C'eſt encore d'après cet Auteur Pag. 1 9
que M. Thomas prétend que ,, le reſſort & 21.
,, de l'honneur, plus fort que les récom-
,, penſes & les peines, pouvoit ſuppléer
,, à toutes les vertus, rendre toutes les
,, paſſions utiles, … & que dans les petits
,, Etats la vertu peut-être ſuffiſoit pour
,, gouverner les hommes. ,, Tous ces
principes ſont déplacés dans cet éloge ;
ce ſont des principes hazardés, qui égarent au lieu de guider.

Que veut dire M. T. lorſqu'il avance
que M. le Dauphin ,, trouvoit dans
,, l'Hiſtoire la Morale toujours incer- Pag. 15.
,, taine des particuliers, & la Morale
,, encore plus flottante des Etats. ,,
La Morale eſt fondée ſur des principes
fixes, & invariables ; ſi elle eſt incertai-
ne & flottante, elle n'eſt plus morale. La
vertu ne dépend pas de l'opinion des
hommes, comme le penſe l'Auteur du
livre de l'Eſprit. Son eſſence eſt immuable. Il eſt eſſentiellement bon & honorable d'aimer ſon pere , de ſervir ſon
Roi ; il eſt eſſentiellement mauvais &
infâme de trahir l'un & l'autre. Les pré-
miers principes de la Loi naturelle, &
les notions du juſte & de l'injuſte ſont
communs à tous les hommes.

C ij

Je dirois à tous ces génies téméraires, qu'en se livrant aux égarements d'une philosophie insensée, ils arrachent les limites respectables qui séparent le bien d'avec le mal, qu'ils bouleversent & détruisent tout ordre dans la Nature. Je leur dirois que c'est dans la morale de l'Evangile, propre à tous les états, à tous les climats, à tous les siécles, qu'il faut puiser les véritables principes de la législation, & chercher le fondement inébranlable & le soutien de toutes les vertus sociales, & les vrais moyens de rendre les peuples heureux.

Je ne conçois pas comment M. Thomas peut avancer que » M. le Dauphin » apprenoit à distinguer la ligne presque » invisible que la Nature a tracée pour » les états, comme pour les hommes, & » sur laquelle se trouve le bien politique » comme le bien moral. « La bonne & saine politique ; c'est-à-dire l'art de policer & de gouverner les états pour y entretenir la sûreté, l'ordre, la tranquillité & l'honnêteté des mœurs, est fondée sur la probité, l'honneur, la Religion, & la vertu ; & le bien moral n'est pas un problême si difficile à résoudre. Si la ligne que la Nature a tracée pour les

hommes , & fur laquelle fe trouve le bien
moral , étoit *presque invisible* ; s'il falloit
beaucoup d'étude & de talent pour *apprendre à la distinguer* , ceux qui ne font
point capables de cette fcience & de cette
application feroient fouvent excufables
de franchir cette ligne. N'eft-ce pas - là
ouvrir la porte à la licence des mœurs ?
Ce n'eft certainement pas l'intention
de M. Thomas , mais au moins il s'explique mal ; car par un raifonnement
jufte , on tire de fes principes des con-
féquences dangereufes , & on verra dans
cet examen qu'il y a dans fon difcours
bien de ces principes qui renferment un
germe vicieux. Si ces réflexions le ren-
dent dans la fuite plus précautionné , je
croirai avoir rendu un fervice effentiel
au public : c'eft mon unique intention.

    Ce que M. Thomas avance fur la fou-
veraineté ne paroît pas bien penfé. Les
idées des anciens, celles de Hobbes , de
Telliamed, &c. qui voyoient comme notre Orateur ” les hommes épars fur la
” terre avant de former des fociétés “ ne Pag. 11.
font pas des idées puifées dans la nature
primitive des chofes : les hommes n'ont
pas d'abord été jettés fur la terre au
hazard ; ils ont été unis avant d'être dif-

C iij

perfés par différents accidents : ils ont
formé des petites fociétés, avant d'en
former de grandes ; autrement la popu-
lation eût été impoffible. ,, La fouverai-
,, neté qui éléve fa tête au-deffus des hom-
,, mes, qui eft appuyée fur la loi, mais
,, qui paroît marcher entre le defpotif-
,, me & l'anarchie, tandis que la loi vi-
,, gilante mefurant fes pas, la tient tou-
,, jours à une égale diftance de ces deux
,, termes : « tout cela eft un langage
précieux, affecté, obfcur, ainfi que la
maniere dont il eft parlé du droit féodal.
M. Thomas fçait trop de chofes pour les
fçavoir également bien. Toutes ces dif-
fertations font étrangeres au fujet ; elles
ne fervent qu'à montrer le travail & les
recherches de l'Auteur.

Ce n'eft pas ainfi que le grand Boffuet
nous parle de la Royauté. L'autorité pa-
ternelle qui a exifté de tout tems ; autorité à laquelle les befoins, la nature,
l'amour, la reconnoiffance affujettif-
foient les enfans ; voilà l'origine & le
modéle de la Royauté. Les premiers
Rois ont été des Peres ; les Peuples en
nommant leurs Rois, imitent la Nature :
ils fe regardent comme des Enfans qui
adoptent un Pere, & le Roi de fon côté

adopte fes Sujets comme fes Enfans. L'autorité des Rois émane de Dieu feul ; c'eft
de Dieu que découle toute puiffance,
comme c'eft de la loi éternelle, de cet ordre immuable qui réfide en Dieu, que dé-
coulent toutes les loix, la loi naturelle
d'abord, & enfuite les loix civiles. C'eft
avec raifon , dit judicieufement l'Orateur * qui a prononcé au nom de l'Univerfité , avec de juftes applaudiffemens,
l'Eloge de M. le Dauphin ; c'eft avec
raifon que l'on compare les Nations à
de grandes familles ** ; je crois voir,
continue-t-il, dans tout un Peuple une
immenfe fociété d'hommes, foumis, atta-
chés à leurs Rois, comme les enfans le font
à leurs peres. Voilà qui eft vrai, fimple,
& naturel. Dans tous les livres qui mar-
queront ainfi les rapports du Souverain
avec le Peuple, on ne verra pas « la digni-
» té de la nature humaine méconnue par Pag. 11
» des hommes ; la caufe du genre humain & 12.
» trahie pour un vil intérêt d'honneur ou
» de fortune par des écrivains foibles ou
» mercenaires : la force érigée en droit :

* M. Guerin , Profeffeur de Rhétorique au Collége
Mazarin.

** » Ce Peuple entier eft ma famille , quand il eft heureux, je le fuis : « c'étoient les paroles que le Roi Staniflas
fe plaifoit à répéter.

C iv

[40]

» le Peuple calomnié devant ses chefs :
» le sang des Peuples vendu aux capri-
» ces de la tyrannie, la servitude authori-
» sée par des raisonnemens d'esclaves,
» les préjugés de l'homme mis à la place
» des loix de la Nature « ; comme, selon
notre Orateur, M. le Dauphin le voyoit
avec indignation dans ces livres vantés *
qui ont établi les fondemens du droit
public. Ce n'est pas-là donner une belle
idée de ces Livres, qu'il appelle célébres. N'y a-t-il rien d'outré ni de calom-
nieux dans ce jugement ?

Pag. 12. Homere appelle les Rois les Pasteurs
des Peuples. Ainsi » ce seroit offenser
» les Rois que leur livrer les peuples,
» comme des troupeaux, « pour être op-
primés, dépouillés, ou égorgés : mais

---

* Je voudrois bien que M. Thomas indiquât ces Livres
célébres qu'il attaque impitoyablement. L'étude du droit
public, si universelle en Hollande & en Allemagne, est
trop négligée en France. En 1680, Louis XIV fonda dans
toutes les Universités du Royaume un Professeur de Droit
François, ne seroit-il pas à souhaiter qu'il y en eût aussi de
fondé pour le droit public ? Les bons ouvrages sur cette
matiere importante manquent en France. Un habile Ju-
risconsulte renferme en quatre mots tous les droits des
Citoyens. Ils ont droit, *dit-il*, 1°. de vivre. 2°. De
vivre libres. 3°. De vivre libres & propriétaires. 4°. De
vivre libres, propriétaires, & sous la protection des Loix.
Voilà qui est plus lumineux que tout le jargon philoso-
phique de M. Thomas.

leur foumettre les Peuples comme les troupeaux font foumis à leurs Pafteurs, pour être conduits, protégés, nourris, c'eft marquer aux Rois leurs obligations, & aux fujets leurs devoirs. Les Souverains doivent commander avec bonté, avec juftice, avec raifon ; les fujets doivent obéir avec zéle, avec refpect, avec fidélité. La guerre n'eft point *un brigandage infenfé digne de mépris & d'horreur,* quand elle eft jufte & légitime. Le Dieu du Ciel & de la terre eft auffi le Dieu des armées & des combats. Le bon fens fuffit pour donner ces leçons à un Prince ; il eft inutile de faire paroître » devant lui » le phantôme redoutable de la pofté-» rité ... ni de le tranfporter dans un » vafte & immenfe Maufolée, où les » cendres des Rois, des Pontifes, des » Empereurs, des Califes, fuffent réu-» nies. « *Joindre pêle méle les Pontifes avec les Califes.* Quel bizarre affortiment ! Le refte de la fiction conviendroit mieux dans un Poëme.

Tous les efprits faifiront-ils la fubtilité de cette métaphyfique ? » Les Rois ont » l'empire de la force, qu'ils y joignent » l'empire du génie, alors la force fera » dans chaque état ce qu'elle eft dans la

Ibid.

» conftitution du monde , le lien de tou-
» tes les parties , le principe de l'harmo-
» nie univerfelle «. *La force dans l'état ,
la force dans la conftitution du monde ,*
c'eft une véritable Logomachie.

M. T. ne parle pas pour être entendu :
peut-être feroit-il dangereux qu'il le fût
trop , lorfqu'il dit : » Comme il y a dans
» les fociétés un effort continuel pour
» rompre l'équilibre d'égalité établi en-
» tre tous les Citoyens , la Juftice réagit
» contre cet effort , & tend à rétablir la
» proportion altérée par des forces qui
» fe combattent «. Cet équilibre d'égalité établi entre tous les Citoyens , feroit-
il le prétendu droit d'égalité qu'admet-
toit l'Abbé de Prades dans fa trop fameufe
thèfe ? droit conforme felon lui à la raifon , tandis qu'il appelloit le droit d'i-
négalité un droit barbare : erreur cenfu-
rée par la Faculté de Théologie de Paris ,
comme contraire à la fociété & à la tranquillité publique. La fubordination & l'i-
négalité des conditions font dans l'ordre
naturel , *id enim naturalis ordo poftulat ,*
dit S. Auguftin. La Juftice ne tend pas à
rétablir l'égalité des conditions parmi les
hommes , mais à maintenir dans de juftes
bornes la puiffance qui voudroit écrafer

la foiblesse, & l'inférieur qui voudroit
égaler ou dominer son supérieur. Mettez
une égalité parfaite parmi les hommes,
il n'y a plus de société, tout est renver-
sé : ce sont-là les rêveries & les opinions
dangereuses de l'Auteur de l'égalité des
conditions & du contrat social, ouvrage
qui a été condamné au feu même en Hollande : opinions avancées par Hobbes
dans son Traité *de Cive*, & renouvellées
d'une maniere insidieuse dans le Diction-
naire Encyclopédique à l'article *autorité*.

M. T. ne s'apperçoit pas sans doute
qu'il suit de mauvais guides avec lesquels
il ne peut que s'égarer : on peut dire au
moins que ses idées sont louches. Il n'y
a pas moins d'obscurité, mais il y a moins
de danger dans sa déclamation pompeuse
sur le sentiment : „ C'est le sentiment qui
„ fait l'enthousiasme des grandes choses, Pag. 42.
„ qui saisit l'ame & lui ôte son existence
„ particuliere, pour ne lui laisser que
„ cette existence commune & générale, ..
„ faute d'avoir établi le rapport nécessaire
„ entre une ame & celle de quelques mil-
„ liers d'hommes placés autour de celle-
„ là, ... la nature s'est trompée & son
„ but est manqué, ... le sentiment anime
„ le tableau de l'ordre & du bonheur pu-

» blic , mort pour celui qui ne voit que
» des proportions & des rapports «. Il eſt
plutôt mort pour celui qui ne les voit
pas, car ſans proportion & ſans rapport
il n'y a plus d'ordre.

Encore des termes ſcientifiques : » M. le
» D. ſaiſiſſoit tous les traits de lumiere
» qui ſortoit du choc des ſyſtêmes.... Il
» étudie l'art de faire ſortir du milieu de
» tous ces chocs & de toutes ces réſiſtan-
» ces la plus grande ſomme de bonheur...
» il avoit vu dans tous les temps de la
» Monarchie une Nation, ... auſſi im-
» pétueuſe dans ſa foibleſſe que dans ſa
» force , ... capable d'enthouſiaſme , in-
» capable ... peut-être de tout ce qui de-
» mande de l'énergie.... Il penſoit qu'en
» donnant une ame à cette force impé-
» tueuſe , on pourroit vaincre les plus
» grandes réſiſtances. «. Tous ces termes de force, de réſiſtances, d'équilibre,
de reſſorts , de ſecouſſes , de chocs, d'ê-
tres , d'enthouſiaſme , de proportions ,
de rapports , de nature, ſont ordinaire-
ment énigmatiques chez M. Thomas : il
faut étudier ces mots pour les compren-
dre, & ils ſont bien ſouvent répétés ; c'eſt
à ce jargon obſcur que l'on bat des mains ;
ces endroits paroiſſent merveilleux , parce
qu'on ne les entend pas.

Quels applaudiffements mériteroit M.
Thomas, s'il prenoit fur lui de parler
toujours auffi naturellement qu'il le fait
en commençant l'Eloge de la vertu de
M. le Dauphin ? „ Il eft des Princes,
„ *dit-il*, dont l'éloge eft fini quand on a
„ loué leurs talents : jamais le doux nom
„ de la vertu ne fut fait pour eux ; ils
„ étonnent, mais ils n'ont pas le droit
„ d'attendrir & d'intéreffer. Le Prince à
„ qui nous offrons cet hommage, joignit ^{Pag. 25.}
„ à des connoiffances profondes le mérite
„ plus rare d'être vertueux „. Voilà qui
eft beau, clair & noble, ainfi que le morceau gracieux qui repréfente M. le Dauphin „ dans fon cabinet folitaire où,
„ occupé du bonheur des peuples, il mé-
„ ditoit en filence, parcouroit les cam-
„ pagnes & les villes ; où la douce ima-
„ ge de la félicité publique venoit errer
„ devant fes yeux, & le foutenoit la nuit
„ au milieu de fes veilles & de fes études
„ profondes „. C'eft dommage que ce
ton ne continue pas long-temps : notre
Orateur, comme s'il rougiffoit d'avoir
parlé naturellement, remonte auffi-tôt
fur fes échaffes & devient inintelligible.
„ Les limites invariables des êtres, *ajou-*
„ *te-t'il*, font pofées, & ils ne connoif-

Pag. 27. » fent pas même la perfection qui leur
» manque. L'homme feul, en travaillant
» fur lui-même, peut ajouter à l'ouvrage
» de la nature «. Si ces êtres font maté-
riels, ils ne peuvent connoître la perfection qui leur manque : il n'eft donc pas
étonnant que l'homme, feul fur la terre
doué d'un principe actif, c'eft-à-dire d'u-
ne ame raifonnable, puiffe travailler fur
lui-même. M. Thomas plaint les hommes
de ce que trop fouvent c'eft leur rendre
juftice que de les eftimer peu ; mais il
plaint encore plus les Princes » d'être
» affez malheureux pour avoir acquis le
Pag. 34. » droit funefte de juger ainfi l'humanité «.
Voilà une maxime bien alambiquée: celle-
ci eft-elle plus précife, plus claire? » Les
» Princes, affez malheureux pour n'avoir
» prefque rien qu'ils puiffent aimer, s'ils
» veulent goûter quelques plaifirs de l'a-
» me, font obligés de fe jetter dans les
» bras de la nature «. Quelle idée ces
mots préfentent-ils à l'efprit ?

Il faut encore deviner ce que veut dire
l'Orateur, lorfqu'il parle des jours de la
jeuneffe où le cœur du Prince s'ouvrit
pour la premiere fois au doux fentiment
de l'amour. » Son ame ardente & fen-
Pag. 44. » fible, & à qui la voix puiffante de la

» nature commençoit à parler , se livra
» à tous les transports d'une premiere
» passion , & les charmes de la vertu se
» mêlant à l'enthousiasme de l'amour , sa
» passion même devint pour lui un ressort
» utile «. La situation où il le représente
à la mort de sa premiere Epouse est-elle
belle & noble ? » Dans l'âge, *remarque-t-il,* *Ibid.*
» où l'on commence à peine à sentir , il
» éprouva les convulsions de la douleur &
» les tourments du désespoir «. Ces con- —
vulsions de la douleur , ces tourments du
désespoir se voyent dans les enfans in-
domptés ou dans les furieux qui n'ont
pas assez de raison pour maîtriser leur
fougue : la douleur du Dauphin a été
très-vive , sans aller jusqu'à ces excès:
les louer comme fait M. Thomas , c'est
trouver un éloge , où tout autre trouve-
roit au moins un défaut.

 Est - il bien vrai » que l'empire sur Pag. 44.
» soi-même tienne l'ame en équilibre avec
» tout ce qui est au-dehors ? « Equilibre
signifie égalité , même proportion : or ,
y a-t'il de la proportion , par exemple , entre un homme doux & un furieux ? sont - ils ensemble en équilibre ?
L'équilibre peut aisément être rompu , &
un homme qui a l'empire sur lui-même

eſt inébranlable. Dira-t’on bien : ſon ame *flétrie* ſentit avec étonnement qu’elle alloit renaître au bonheur ? Une ame *flétrie* ne plaira pas à tout le monde : pluſieurs trou-veront un langage d’aféterie, de pure mi-nauderie, & de l’emprunt dans ces phraſes qui ſe rencontrent dans tous les recueils de penſées ingénieuſes : » il ne ſe doute » pas des droits qu’il peut avoir à l’eſti-» me , . . . ſa modeſtie le calomnioit ſaus » ceſſe , . . . il n’eût tenu qu’à lui d’avoir » beſoin de ſon rang pour ſe faire par-» donner ſes bons mots : . . . il avoit reçu » de la nature cette fierté qui , dàns un » particulier , peut toucher à la grandeur , » mais qui , dans un jeune Prince , devient » trop aiſément de l’orgueil «. Il ſe trouve bien d’autres expreſſions , d’autres pen-ſées qui n’appartiennent point en propre à M. Thomas : je ne m’y arrête pas. Il me reſte à faire des obſervations plus im-portantes , & qui méritent la plus grande attention.

EXAMEN

EXAMEN

DE LA TROISIÉME PARTIE.

JE parle de la troifieme Partie qui traite de la Religion de M. le Dauphin. Quelle timide circonfpection ! quel aveugle ménagement femble diriger la plume, combiner les expreffions de l'Orateur ! Nos Philofophes modernes, & ceux qui marchent fous leurs étendards, n'auront pas de peine à foufcrire à tout ce que dit M. Thomas fur un article fi important : ils commenteront fes idées ; ils lui applaudiront d'avoir eu l'adreffe, par un tour ingénieux, de ne point s'engager à parler du Chriftianifme de M. le D. ; d'avoir fçu fe dérober à la cenfure de ceux qu'ils regardent comme des efprits foibles, & de mériter les fuffrages de ceux qui penfent fortement, qui dominent fur les têtes des autres, & qui ont le courage de fecouer le joug des préjugés.

M. de V. ne manquera pas d'écrire à l'Auteur une Lettre flateufe, comme il en prodigue à tant d'autres qui lui font la cour ; il le complimentera encore de ce

* D

qu'il contribue de plus en plus au ton de Philofophie auquel notre fiécle eft monté : il lui dira * » que ce morceau l'a fur- » tout enchanté, que cet Eloge eft un » excellent ouvrage de Philofophie & d'E- » loquence, qu'il n'a pas traité ce fujet » comme on le traiteroit au Séminaire » de S. Sulpice «, pour lequel il trouve qu'étoient faits les textes propofés autrefois pour fujets des prix de l'Académie Françoife : il fouhaitera que ce difcours foit mis entre les mains de tous les jeunes Princes & de ceux qui font deftinés à commander, afin qu'ils y apprennent leurs devoirs.

Pag. 62. C'eft auffi l'intention de M. Thomas. *Puiffiez-vous*, dit-il au Prince fucceffeur de M. le Dauphin, *puiffiez-vous quelquefois lire cet écrit !* Ne devroit-on pas dire plutôt : » Puiffiez-vous, » Prince, ne lire certains endroits de ce » difcours qu'avec de fages précautions, » qu'avec l'interprétation que vous don-

---

* Voyez dans l'Avant-coureur du 21 Octobre 1765 la lettre de M. de V. à M. Thomas, par laquelle il l'invite à *venir partager fa folitude, à y vivre avec lui, comme un frere que l'éloquence, la Poëfie & la Philofophie lui ont donné.* M. de V. a-t-il oublié que M. Thomas a attaqué, il y a quelques années, le Poëme de la Religion naturelle ? M. Thomas l'auroit-il oublié lui-même ?

» neront des Maîtres tels que ceux aux-
» quels votre éducation eſt confiée, pleins
» de l'eſprit de Dieu , zélés pour les in-
» térêts de la Religion de J. C. , vrai-
» ment jaloux de votre gloire & de notre
» bonheur ! Sans cela , bien loin de trou-
» ver par-tout les leçons ſublimes & uti-
» les que donnoient les Boſſuets , les
» Fénelons à leurs illuſtres Eléves , &
» de reconnoître les préceptes que vous
» receviez du Prince votre Pere , dont la
» la mort épuiſe nos regrets , vous trou-
» verez pluſieurs principes préſentés ſous
» l'aſpect de la vérité , mais qui ſous une
» autre face ſont faux & dangereux ,
» des principes équivoques , qui peuvent,
» ſelon la maniere de les appliquer , ou
» guider ou égarer. "

J'ai déja fait voir qu'en bien des points
M. Thomas ſemble être l'écho de divers
écrivains ſéducteurs ; examinons encore
quelques-uns de ces principes contenus
dans la derniere partie de ce diſcours ; &
montrons qu'ils ont beſoin d'une ſage ex-
plication. Eh ! Pourquoi avancer des
maximes ſuſceptibles d'un mauvais ſens ?
Pourquoi craindre de paroître Chrétien ,
de parler en Chrétien ?

PRINCIPES DE M. THOMAS,

Par rapport à la Religion.

Pag. 50. Mr. Thomas n'envifage M. le Dauphin que comme Prince. C'eft fous ce rapport, *dit-il*, que je regarderai l'efprit de Religion, & que je verrai fur-tout en lui un frein puiffant qui foumet à des loix invincibles ceux qui par la force font au-deffus des Loix.

L'efprit Religieux donne un maître à celui qui n'en a pas … il contrebalance les paffions .. il place le remords à la fuite du crime … il montre un Juge entre les Rois & le Peuple.

Réflexions fur ces Principes.

Cette façon d'envifager la Religion ne pour-roit-elle pas infinuer qu'il fuffiroit à un Prince de regarder la Religion, comme Prince ? de voir en elle fur-tout un frein puiffant … une force qui contrebalance les paffions ? … Spinofa dans fon traité Théologo-polit. & Machiavel adopteroient ainfi la Religion comme un reffort de la politique. Tout ce morceau fi brillant fur l'efprit Religieux n'eft que l'amplification de ce vers de Virgile : *Difcite juftitiam moniti & non temnere divos.* Il

convient au Polithéifme comme au Théifme ;
mais cette Religion naturelle , quoique bonne ,
jufte & néceffaire , ne fuffit pas , fans la Religion
révélée , pour obtenir le falut éternel. Je ne fuis
point ébloui des éloges que nos Philofophes modernes prodiguent à la Religion naturelle ; trop
fouvent ils ne fe plaifent à l'exalter , que pour détruire , ou pour rendre inutile la Religion révélée.

Un Prince doit s'accoutumer à des Pag. 52.
lectures fortes qui élevent fon ame , en
l'éclairant , & l'empêchent de confondre avec la Religion cette fuperftition
qui la deshonore.

Il faut expliquer ce qu'on entend par lectures
fortes. Sont ce les écrits folides des défenfeurs de
la Religion & de la morale Chrétienne ? Ils élevent l'ame, ils l'éclairent. Sont-ce les écrits de nos
prétendus Philofophes ? Ils s'annoncent pour penfer fortement, mais leur force n'eft que délire,
leur lumiere n'eft que preftige, l'orgueil ou le li-
bertinage dictent leurs oracles, la féduction ou
l'intérêt des paffions les faififfent & les accréditent.
Voilà cependant ce qu'ils appellent des lectures
fortes ; comme ils appellent amis de la douce humanité les livres qui tolerent l'indifférence & le
fepticifme.

Le Prince doit être auffi éloigné de Ibid.
la licence qui ôte des chaînes utiles &
facrées , que de la fuperftition qui veut
en donner de nouvelles.   D iij

[54]

Il est vrai que la licence ôte des chaînes utiles & sacrées, qu'elle rompt toutes les barrieres ; mais quelles sont les chaînes nouvelles qu'adopte la superstition ? Les commandements de l'Eglise, les saintes pratiques du Christianisme, la foi aux Mysteres, les Sacrements, &c. que nos Esprits forts fróndent & ridiculisent, sont bien éloignés de la superstition.

Ibid. Un Prince doit protéger les Ministres des Autels, comme Citoyens, & les respecter lorsqu'ils s'honorent par leurs mœurs... Il apprendra par l'histoire que dans certains siécles, il avoit fallu les craindre.

C'est l'abus & la profanation du ministere qui sont à craindre & non pas le ministere en lui même. Dans tous les siécles, les vrais & fideles Ministres des Autels ont respecté les bornes que Dieu lui-même a établies entre la puissance temporelle & la puissance spirituelle. L'assemblée du Clergé de France en 1682 n'a fait que renouveller & consacrer plus authentiquement les anciens canons de l'Eglise.

Ibid. Le choc éternel du Sacerdoce & de l'Empire * lui doit faire rechercher sans

* Page 14, *il avoit déja parlé du choc de deux pouvoirs rivaux, à l'occasion du Sacerdoce & de l'Empire ; comme il s'étoit servi de la même expression, en parlant de la ligue Protestante & de la ligue Catholique*, pag. 13 *de l'Eloge de Descartes.*

préjugé comme sans foiblesse les limites des deux pouvoirs , limites trop souvent déplacées par l'ambition ou par les mains sanglantes du fanatisme. Les maux que ce fanatisme a causés d'un bout de l'Europe à l'autre doivent lui en inspirer une juste horreur.

Ne diroit-on pas que l'Empire & le Sacerdoce font deux ennemis irréconciliables , deux pouvoirs rivaux qui s'entrechoquent éternellement ? Ces deux puissances ne font point rivales ; elles se défendent mutuellement , & concourent pour leur avantage réciproque. L'une protége les saints Canons ; l'autre resserre par son enseignement & par son exemple les liens d'amour & d'obéissance qui unissent les Sujets à leur Souverain ; liens dont ils ne peuvent jamais être affranchis.

Il ne faut pas confondre le fanatisme avec le vrai zéle : le premier est toujours aveugle , cruel , furieux : l'autre est toujours sage , doux , éclairé , ami de la paix. Il ne faut pas non plus mettre fur le compte de la Religion Catholique les excès que l'ignorance a commis, ni les guerres que l'ambition a allumées. L'Eglise de J. C. a toujours gémi fur ces malheurs.

Un Prince lira avec plaisir ces livres Pag. 5 où la douce humanité lui peint tous les hommes & même ceux qui s'égarent comme un peuple de freres. . . . . Il n'adoptera pas la férocité de ceux qui comptent l'erreur pour les crimes, & veulent tourmenter pour inftruire.... Il empêchera que les hommes ne faffent du mal, mais fans leur en faire... Il ne fera lui-même ni perfécuteur ni cruel. *

Ce n'eft point être cruel ni féroce que de flétrir des hommes qui foulent aux pieds ce qu'il y a de plus facré dans les Mœurs & dans la Religion ; d'enchaîner des monftres qui ravagent le Sanctuaire & l'Empire, d'arrêter & d'intimider ceux qui voudroient étendre & perpétuer la contagion. C'eft pour cela principalement que le Prince porte l'épée.

Pag. 54.　Quand l'ame folitaire, arrachée à la nature & à fes propres fens, eft fur le point d'entrer dans un avenir impénétrable, qui peut affermir l'homme au

---

* Quelques-uns de nos prétendus beaux efprits, dont on arrête les écrits licentieux, voyent par-tout de la perfécution. *En vérité*, dit plaifamment l'Auteur de l'Année Littéraire, *tome premier 1766, pag. 40. ils font fous avec leur perfécution : plufieurs cependant ne demanderoient pas mieux que d'en éprouver, & vous verrez quelqu'un de nos Philofophes mourir de chagrin de n'être pas perfécuté.* Voyez le tableau de la prétendue perfécution de Voëtius contre Defcartes, que le même Critique a fi bien tourné en ridicule, en rendant compte du difcours de M. Thomas : tableau fur lequel M. de Voltaire s'extafie en répondant à l'Auteur qui lui avoit envoyé l'éloge de ce grand Philofophe. *Voyez* l'Avant-coureur du 21 Octobre 1766.

milieu de tout ce qu'il y a de plus effrayant pour l'homme ? C'eſt la paix de l'homme de bien , c'eſt la douce conſcience de la vertu. . . . Eh ! que peut craindre l'homme vertueux , quand il va rejoindre le premier Etre ? N'a-t'il pas rempli le poſte qui lui étoit aſſigné dans la Nature ? . . . Peut-être a-t'il ajouté quelque choſe à l'ordre moral de l'Univers . . . l'heure ſonne . . . le temps a ceſſé pour lui , il va demander à Dieu la récompenſe du juſte : c'eſt un fils qui a voyagé & qui retourne vers ſon Pere.

C'eſt ainſi que les Poëtes dans leurs Tragédies profanes font parler leurs héros vertueux , lorſqu'ils ſont prêts de mourir : ainſi parle Ciceron & Platon en mille endroits : Seneque dit encore mieux. Mais ce langage ſùffiç-il pour un Prince Chrétien ? Les vertus morales ſeules ſuffiſent-elles pour tranquilliſer dans ce moment terrible ? Peuvent-elles être parfaites ſans la foi ? *Que peut craindre l'homme vertueux ?* L'homme le plus ſaint peut & doit craindre celui qui juge les juſtices mêmes : la confiance chrétienne, bien différente de la préſomption, n'exclud pas la crainte & l'humilité. *Il a rempli le poſte qui lui étoit aſſigné dans la nature :* mais a-t-il rempli ſes devoirs dans l'ordre de la grace ? *Il va demander à Dieu la récompenſe du juſte ;* mais la demande-t-il au nom de Jeſus-Chriſt ? Mais cette récompenſe n'eſt accordée au juſte , que lorſque ſa juſtice eſt conforme à l'Evangile. Il ne ſuffit pas qu'il ait *ajouté quelque choſe à l'ordre moral de l'Univers ;* des vertus morales toutes ſeules ne méritent qu'une récompenſe terreſtre , comme celle accordée aux premiers Romains : *terreni terrenam mercedem receperunt ; vani , vanam :* ſaint Auguſtin.

Voilà les Commentaires néceſſaires à la ſuite de quelques préceptes que l'on trouve dans le diſcours de M. Thomas : il faudroit de même des éclairciſſemens à pluſieurs autres endroits * que j'ai cru devoir paſſer ſous ſilence ; nos eſprits forts donneront des explications bien différentes ; eh ! pourquoi leur prêter des armes ? Ce n'eſt pas à des Payens que M. Thomas parle , c'eſt à des Chrétiens ; c'eſt à la France qu'il annonce dès le commencement de ſon diſcours qu'il va » rendre compte des travaux , des pen- » ſées de M. le Dauphin , de tout ce qu'il » eût voulu faire pour la rendre heureuſe ; » c'eſt par des vérités utiles qu'il veut » honorer la mémoire de ce Prince «. C'eſt au jeune Héritier de la Couronne

____

* J'entends ſur-tout ceux qui regardent la Politique , dont il ne convient pas à des particuliers de ſe mêler.

qu'il dit : » En écrivant ce foible ouvrage,
» mon cœur s'occupera souvent de vous,
» j'oferai quelquefois vous parler de vos
» devoirs «. Puifqu'il s'érige en précep-
teur des Enfants des Rois, il devroit
donc employer le langage des Boffuets,
des Fénelons & des Montaufiers, aulieu
d'infinuer les erreurs du Citoyen de Genève, de l'Auteur de l'Efprit des Loix,
&c. Il a étudié les différentes fciences
relatives aux grands hommes dont il a
fait l'éloge ; mais l'étude approfondie
de la Religion étoit fans contredit la
plus néceffaire pour parler dignement du
héros chrétien qu'il vouloit célébrer.

Il ne me refteroit peut-être qu'à faire
une récapitulation abrégée de tout ce que
j'ai cru pouvoir critiquer dans cet Ouvrage, de rendre plus fenfible ce que le
Lecteur ne voit qu'en perfpective, de
rapprocher les membres épars, de raf-
fembler les penfées, les principes délayés
dans ce difcours, enfin de préfenter en
raccourci un tableau dont on pût voir
d'un coup d'œil l'ordonnance & l'enfem-
ble. Je l'avois fait, mais j'ai été trop peu
content de l'impreffion qui en réfultoit.
J'ai cru devoir le fupprimer par ménagement pour M. Thomas. Ce que j'ai

obfervé peut fuffire pour rompre le charme qui fafcine les yeux du Public , & pour rendre dans la fuite l'Auteur plus circonfpect.

Puiffé-je m'être alarmé fans fujet ! Au moins je puis dire devant l'Etre qui voit les cœurs, que l'amour feul de la vérité & de la Religion m'a dicté ces obfervations toutes fimples & toutes naturelles, fans étude & fans art, parce que ce n'eft point ici le lieu de faire parade d'efprit.

J'eftime les talents de M. Thomas ; je fçais qu'il a une belle ame , qu'il eft auffi vertueux qu'ami de la vertu ; je fuis perfuadé qu'il eft convaincu de la vérité & de la néceffité de notre fainte Religion ; tout ce que l'on peut craindre, c'eft qu'il ne veuille fe monter au ton de quelques-uns de nos Philofophes modernes * , pour en obtenir les fuffrages. Si M. Thomas m'honoroit de fon amitié & de fa confiance, & qu'il m'eût confulté fur fon difcours , avant de

---

* Les progrès que fait le faux efprit philofophique font effrayants : il fe reproduit fous mille formes différentes, il diftille fon venin dans toute forte d'écrits. C'eft lui qui a fourni à Bayle des armes pour attaquer la Religion & les mœurs, qui lui a dicté cette méthode funefte, copiée par tous ces littérateurs fubalternes qui fe traînent fervilement fur fes traces. C'eft lui qui a infpiré à l'audacieux

le rendre public, je lui aurois dit : ʺ Je
ʺ vous prie, Monſieur, au nom de la
ʺ vérité dont vous vous annoncez pour
ʺ l'interprete, au nom de la poſtérité qui
ʺ jugera ſans partialité, au nom du Prince
ʺ que vous avez voulu célébrer, je vous
ʺ le demande pour vous-même, pour
ʺ votre propre gloire, recommencez l'E-
ʺ loge de M. le Dauphin : repréſentez-le
ʺ tel qu'il a été, ne faites pas de ſa vie
ʺ une eſpéce de roman ; mais ſur-tout
ʺ immortaliſez pour l'honneur de la Re-
ʺ ligion ces ſentiments chrétiens qui l'ont

Pere Hardouin ces paradoxes extravagants, qui tendent
à détruire le dépôt de la foi & de la tradition ; au P.
Berruyer, ce ſtyle romaneſque & impie, qui profane la
majeſté & la vérité des ſaintes Ecritures ; au Citoyen de
Genève ces ſophiſmes captieux qui étourdiſſent & aſſom-
ment les têtes foibles, cette proſe rapide & brûlante qui
dévore l'attention des lecteurs, & les entraîne dans le
précipice, ſans qu'ils s'en apperçoivent. C'eſt lui qui a
oſé conſacrer à la Religion l'impoſture dans la Thèſe de
l'Abbé de Prades. Il empoiſonne la ſource de la ſcience
dans les livres mêmes qui paroiſſent faits pour en étendre
& perpétuer l'empire : il ſe répand dans tous les Etats, &
dans toutes les conditions ; il altere les mœurs & les ſen-
timens de la Nation ; il s'accrédite dans les cercles des fem-
mes ; il aveugle les jeunes gens ; corrompt juſqu'aux enfans, qui deviennent les échos de leurs peres & meres,
& ſe croyent être quelque choſe dans le monde, quand ils
commencent à ſçavoir balbutier les blaſphêmes du bel
eſprit. Les ravages & les ſuites funeſtes qu'il peut occa-
ſionner doivent exciter le zèle des Miniſtres des Autels,
& armer toute la ſévérité des Magiſtrats.

„ toujours animé, & qui ont paru à sa
„ mort avec tant d'éclat : respectez cette
„ ame pure & sainte, n'allez pas troubler
„ les cendres de ce Héros en versant sur
„ elles des larmes toutes payennes : son
„ ombre alarmée vous répondroit comme
„ celle de Samuël répondit à Saül : “
Pourquoi venez-vous interrompre mon
repos ? *Quarè inquietasti me ?*

C'est sur-tout au pied de la Croix qu'il
faut cueillir les fleurs que l'on doit jetter
sur le tombeau de ce Prince, objet éternel de nos regrets, grand à jamais par
l'étendue de ses connoissances & le nombre de ses vertus, mais encore plus grand
par sa foi & sa Religion.

F I N.

APPROBATION.

J'AI lu par ordre de Monseigneur le Vice-Chancelier un Manuscrit intitulé : *Examen d'un Discours de M. Thomas*, &c. Cette Critique, quoiqu'en général honnête & judicieuse, peut paroître sévere en quelques endroits ; mais l'humeur ne s'y laisse appercevoir nulle part, & l'Auteur s'y montre animé par son seul zèle pour la Religion. A Paris, le 15 Juin 1766.

RÉMOND DE Ste. ALBINE.

De l'Imprimerie de P. AL. LE PRIEUR, Imprimeur du Roi, rue S. Jacques, vis-à-vis la rue des Mathurins.